AF249454

RÉPONSE

DE

M. LE BARON DE BEZENVAL,

A

M. LE MARQUIS DE FAVRAS;

OU

Doutes résolus sur la Jurisprudence
Criminelle du Châtelet de Paris,

Cor mundum crea in me Deus : & spiritum rectum
innova in visceribus meis.

Le Jeudi Saint, à Laudes.

A PARIS,

De l'Imprimerie du Grand-Pénitencier,
dans les souterrains de l'Archevêché.

1790.

De mon Hôtel, le 9 Février 1790.

JE réponds à votre Lettre, Monsieur, & vous allez obtenir de moi des éclaircissemens que j'aurois refusés à toute la terre, dans ces momens de troubles & d'orages, où je croyois follement qu'il me suffisoit d'avoir captivé la bienveillance du Monarque, les empressemens d'une Reine ambitieuse & inconsidérée, l'attachement de ses beaux-freres, le secours de l'Empereur, & les faveurs des Grands du Royaume.

Non-content de m'avoir adressé vos réflexions, vous les avez rendues publiques par la voie de l'impression. Trouvez bon que j'en fasse de même ; mais en empruntant une autre presse que celle du sieur *Samson*, que je ne puis envisager sans frémir ; car tout ce qui a passé par ses mains, n'en déplaise à la guerre qui s'éleve maintenant contre le préjugé, & à Messieurs du District Saint-Honoré, est absolument flétri, & porte avec soi l'empreinte de l'infamie dont il a voulu se garantir par la vertu de l'Arrêt d'un de nos anciens & plus chers confédérés, *Le Baron de Breteuil*, qui prévoyoit bien, fous fon régime tyrannique, que la majeure partie de fes opérations ne pouvoient fe réalifer que par le moyen d'un bourreau, jugea à propos de lui créer une nouvelle confiftance.

Maintenant que j'ai jeté fur toutes mes actions le coup-d'œil de la réflexion, que j'ai parfaitement fondé mon cœur, & que je n'y reconnois plus ces mouvemens de barbarie, cette foif du fang, & ce violent defir du carnage, l'idée du danger auquel je me fuis vu expofé, s'eft retracée à mes yeux, & je ne l'ai envifagé qu'en formant le deffein de me confacrer à la retraite ; mais avant de m'y enfoncer, j'ai dû réfoudre vos doutes, étouffer le fcrupule qui régnoit dans mon ame, & avoir avec vous autant de franchife & de fincérité que vous m'en avez montré. En examinant mon intention, je n'y ai rien diftingué de coupable, & voilà pourquoi je fais, comme vous, ufage de la publicité, par l'entremife du Grand-Pénitencier, qui n'a point trouvé que mon projet fût extraordinaire.

Avant d'entrer dans aucuns détails fur

ceux de l'affaire qui me regarde personnellement, je vais d'abord verser sur vos blessures le baume de la consolation, & vous instruire que vous ne devez rien appréhender des conclusions rigoureuses du Procureur du Roi à votre égard : les violens & justes soupçons du Public sur l'intégrité des Juges du Châtelet ; le besoin, pour eux, de se mettre à l'abri des imprécations ; la prévarication commise à mon égard, votre sûreté même, les avoient dictées, & vous devez avoir reconnu, après un quart-d'heure de méditation, que cette apparence de sécurité n'est, de la part des graves Jurisconsultes chargés de vous juger, qu'un voile adroit, pour dérober au Peuple, dont il est si facile de tromper la surveillance, l'intérêt particulier qui s'oppose à votre perte.

Je ne suis point surpris que le Public vous ait regardé comme une créature parfaitement attachée à MONSIEUR, frere du Roi ; vous m'avez établi son caractere ; & la visite que je lui ai faite, a confirmé ma présomption. Oui, ce Prince vous sait un gré infini de la tournure que vous avez donnée à vos réponses pendant le cours de vos interrogations; &, comme vous l'avez bien pensé, votre profond silence sur ce qui le concerne, l'éloignement que vous avez annoncé sur toute espèce de connivence avec lui, sera, n'en doutez pas, la sauve-garde de vos jours & de votre liberté : mais continuez, & que la crainte de la mort, la terreur du supplice n'égarent pas votre raison; car vous seriez perdu.

Avec tout autre qu'avec vous, je m'autoriserois du prononcé du jugement qui m'a déclaré libre, & ce seroit la plus grande preuve que j'établirois de mon innocence : mais votre confiance a excité la mienne, & je ne m'aviserai pas de contredire l'opinion où vous êtes que la faveur & la fortune se sont liguées ensemble, pour engager mes Juges à trahir leur conscience, leur fidélité, le Roi & la Nation Française. Je ne doute pas que cet aveu ne vous paroisse énigmatique dans quelques-uns de ses points; mais comme mon intention n'est pas de vous en laisser ignorer le mot, vous serez bientôt de mon sentiment.

Oui, Monsieur, la faveur & la fortune se sont unies pour me sauver du précipice : pour la faveur, je fais le cas que j'en dois faire, & à qui je la dois. Si je n'avois été que le poffeffeur verbal des fecrets du Trône & des êtres qui l'environnent, il n'eft pas à douter, d'un feul inftant, qu'elle ne m'eût tourné le dos ; mais j'avois confervé un titre qui me garantiffoit fon appui ; je n'eus plus rien à redouter : j'avois des ordres précis fignés du nom facré de *Louis* ; & comme le dit fort bien le Chevalier de Rutlidge, qui ne babille pas toujours fans raifon (1), le procès de Leurs Majeftés ; car l'une & l'autre s'étoient liées par écrit à mon fort,

---

(1) Le Chevalier de Rutlidge eft Auteur du Babillard, Journal profcrit par la Police ; du *Bureau d'Efprit*, Comédie en 5 actes, qui a eu le même fort, & de plufieurs pamphlets fur les malheureufes affaires du temps. Il eft maintenant affocié avec le Rodeur Parifien, qui n'eft autre que le fieur Mercier, Auteur du *Tableau de Paris, de l'an deux mille quatre cent quarante,* & de quantité d'autres Drames, qui ont miné la fortune de Ruault, Libraire, rue de la Harpe.

& devenoient inséparables du mien. Il vous est maintenant facile d'assurer vos conjectures sur la fin de ma détention : mais gardez-moi le secret.

Avez-vous pu penser un seul instant qu'il fût possible que je devinsse victime de la fureur du Peuple, muni de pareils moyens de défense ? Ce seroit faire tort à votre discernement que de le soupçonner : il est vrai que vous pouviez ignorer cette circonstance, & quoique mon procès n'ait pas été instruit à hui-clos, quoique les yeux observateurs du Public en aient été les témoins, les Juges ont reconnu combien il étoit essentiel de la supprimer, afin de ne pas fournir à l'auditoire intéressé, l'occasion de s'écrier :

Quidquid delirant Reges plectuntur Achivi.

Des fautes des Rois les Peuples sont punis.

Cependant, j'étois accusé, & la prudence royale, qui avoit favorisé ma fuite, avoit échoué contre le délire d'un Peuple qui, en un seul instant, avoit vu dissiper les ténèbres de son aveuglement. Encore quelques limites, & j'étois à couvert de son ressentiment, non pour me retirer en Suisse, comme le portoit mon

passe-port ; je n'étois pas assez fou pour
aller me jetter dans les bras de mes ennemis, & courir à la potence qui m'y attendoit (1), en me sauvant du reverbere ;
mais pour aller retrouver l'essaim destruc-
teur dont j'avois jusqu'alors été le plus
fidele agent.

M. Necker, ce magicien habile que
je ne puis mieux comparer qu'à Moïse,
cet adroit sorcier qui guidoit le peuple
Israélite vers le séjour de la félicité, en
lui faisant supporter toutes les horreurs
de la faim, & qui savoit appaiser ses
murmures sur les fléaux qui l'environ-
noient à chaque pas, par l'appât de ses
promesses captieuses. M. Necker, dont
la conduite envers le Peuple Français
s'est modelée sur celle de ce fourbe Juge
du Peuple de Dieu, en apprenant ma
capture, frémit des affreux mysteres qu'elle
alloit découvrir ; & le premier usage qu'il

____

(1) M. de Bezenval a été condamné à
mort en son pays, pour crime de haute
trahison, exécuté en effigie. Je laisse à
penser si c'étoit dans un des treize Can-
tons qu'il dirigeoit sa fuite !

fit des adorations parifiennes, fut de fol-
liciter ma délivrance : mais pour cette
fois, fon éloquence perfuafive fut en
défaut, & l'enthoufiafme aveugle du Peuple n'alla pas jufqu'à lui accorder cette
grace, qu'il ne demandoit pas par intérêt
pour moi, mais parce que les lenteurs d'une
information pouvoient éclaircir le Peuple fur la légitimité de fes appréhenfions,
& tirer de moi des éclairciffemens qui
auroient fort bien pu ne pas plaire à tout
le monde, particulierement à lui, qui
avoit fait fortir du tréfor royal les de-
niers du Peuple, pour l'armement de fes
bourreaux, que j'avois l'honneur de com-
mander.

J'étois à Brie-Comte-Robert, où j'attendois ma liberté bien plutôt des mo-
tifs de crainte de la Cour que du Ciel &
de mon droit; j'attendois à chaque inftant
que quelque crife heureufe alloit m'ou-
vrir les portes de ma prifon, ou que mes
furveillans, gagnés par mes libéralités,
& par celles de mes protecteurs fecrets (1),

____

(1) Ces protecteurs n'ont pas befoin
d'être nommés pour être connus.

trop intéressés à ma cause pour en attendre l'issue, me procureroient eux-mêmes ma délivrance. Subjugué par cet espoir, je fis usage de tout, avec la plus grande profusion ; festins, jeux, fêtes, j'avois métamorphosé ce séjour de douleurs en un temple de délices, & les Membres de la Commune trouvant un profit réel à cette dépense énorme, s'applaudissoient tous les jours d'avoir trouvé ce moyen d'accommoder leurs affaires aux dépens de la Nation, sans compromettre leur réputation.

Les clameurs publiques vinrent mettre un frein à cette odieuse prodigalité, & l'on me transféra au Châtelet, avec le titre de criminel de leze-Nation, où j'eus quelque-temps après la satisfaction de vous avoir pour commensal. Du moment que j'entrai dans cette prison, j'en aurois conçu un augure défavorable, si je n'avois été parfaitement informé, par des avis sûrs, de l'esprit de la Jurisdiction à laquelle j'allois être soumis, du caractère des Juges, de leurs mœurs, de leur avidité ; & ce qui me rassuroit encore plus, c'étoit la preuve irrécusable que je pouvois fournir de n'avoir agi que par le commandement absolu des deux premiers Chefs de la Monarchie Française.

Le sieur Boucher d'Argis (1) fut nommé Rapporteur de cette affaire ; j'eus avec lui plusieurs conférences, qui me convainquirent pleinement de la vérité des observations qu'on m'avoit fait passer sur le compte de mes Juges.

Toutes favorables que m'étoient les réflexions du Châtelet, sur les inculpations dont j'étois chargé ; comme je ne pouvois me dissimuler toute la scélératesse des desseins auxquels j'avois bassement prêté mon ministere, je ne pus m'empêcher de témoigner un jour au Lieutenant-Criminel, Bachois, toute ma surprise sur la tranquillité des Représentans de la Nation, à l'égard des dépositaires de la loi, sur la forme illégale de leurs jugemens, sur les abus qu'ils faisoient du pouvoir, & je finis en lui demandant ce

____

(1) Pour connoître parfaitement M. Boucher d'Argis, revoyez les derniers numéros de l'Ami du Peuple. Marat, Peintre fidele sans vernis.

qu'il croyoit qu'on en dût penser. Sa réponse me causa trop d'étonnement pour ne la pas conserver dans ma mémoire; mais le croiriez-vous, Marquis ? tout familiarisé que je l'étois avec le crime, son langage frauduleux me glaça le sang : aussi vous le rapporterai-je fidellement.

« Nous sommes ici sans témoins, » Monsieur, & je puis dépouiller la sé- » vérité de Juge pour vous parler avec » franchise : la loi est inflexible ; mais ses » Ministres ne font usage de son inflexi- » bilité, que quand leurs intérêts ne s'y » opposent pas : croyez-vous de bonne » foi que le Roi & l'Assemblée Nationale » soient bien persuadés qu'ils n'ont dans » leurs Tribunaux que des hommes in- » corruptibles, & que leurs pouvoirs & » leur autorité n'existent que dans des » mains pures ? Non, Monsieur, non; » mais ils les supposent, & cette suppo- » sition appaise en eux les cris de la cons- » cience & du remords. Leurs besoins, » leurs intérêts & les nôtres peuvent les » détromper ; mais ils aiment mieux to- » lérer ou dissimuler un abus, que d'an- » noncer, par un châtiment d'éclat, qu'ils » ont fait un mauvais choix, & laisser

» soupçonner au Public, dont les juge-
» mens sont toujours outrés, que ceux
» de qui nous dépendons, peuvent être
» aussi criminels ; mais qu'ils sont plus
» prudens (1).

» J'ajoute que les Juges, dont l'inté-
» grité n'est pas absolument inflexible,
» ne sont pas toujours les moins né-
» cessaires au pouvoir exécutif & à la
» politique des Représentans; il se ren-
» contre souvent des affaires délicates
» où l'on a le plus grand besoin de ces
» consciences souples (2) qui sachent le

---

(1) Si le Lieutenant-Criminel a con-
féré de cette maniere avec le Baron de
Bezenval, on ne peut s'empêcher de con-
venir de sa scélératesse : ce qui seul en
pourroit faire douter, c'est que c'eut été
mettre ce criminel à même des secrets
du Châtelet, que cependant mille événemens ont déjà divulgués.

(2) Comme il s'en trouve au Châtelet,
dans les treize Parlemens du Royaume,
dans les cabinets des Ministres, aux Con-
seils du Roi, & dans toutes les Cours
Souveraines.

» grand art de se prêter aux circonstances,
» en méprisant les formalités : aussi nous
» passe-t-on nos irrégularités en faveur
» des services que nous pouvons rendre
» dans plusieurs occasions où il s'agit
» d'affaires importantes, telles, Monsieur,
» que la vôtre, dont très-certainement
» des gens vertueux ne pourroient ni ne
» voudroient se charger ; mais que nos
» esprits libres & dégagés de scrupule
» ont fait réussir ; ce qui arrivera très-
» sûrement à votre égard ».

L'excès de ma surprise m'avoit ôté
la parole ; j'examinois avec la plus grande
attention la physionomie du Magistrat
qui me tenoit ce discours. Je cherchois
à y démêler les traits de la probité ; mais
je n'en rencontrai pas : avec les témoignages que je pouvois présenter, que
mon crime pouvoit paroître n'être
que l'effet de la condescendance, vous
jugez bien que je devois être tranquille ;
aussi le fus-je en effet ; & M. Boucher
d'Argis, dans cette circonstance, se
conforma aux vœux des Juges principaux,
qui consistoient à m'arracher au supplice
que le Peuple, dans ses premiers mouvemens, réclamoit avec tant de chaleur ;

mais en conſervant tous les dehors de l'équité.

Pour que cela fût, il ne s'agiſſoit plus que de détourner les pieces qui auroient pu ſervir de conviction, & mon Rapporteur, auſſi expert en infidélités de ce genre que l'Abbé Maury au Comité des rapports (1), m'annonça, peu de temps après, que mes craintes pouvoient être bannies à cet égard, mais qu'il s'attendoit à ma reconnoiſſance : je lui en devois des témoignages, & m'en ſuis acquitté de maniere à ne lui pas donner de regret d'avoir employé en ma faveur les merveilleux talens qu'il poſſede pour la ſouſtraction.

Quant aux témoins, je ne devois pas ignorer que ma conduite publique, tant à Seve qu'à la place de Louis XV, devoit m'en avoir attiré de très-fâcheux ; il

---

(1) Sur trente pieces relatives à l'affaire du Parlement de Rennes, l'Abbé Maury, chargé du rapport, a avoué à l'Aſſemblée Nationale en avoir égaré dix-ſept. Cet abus de confiance déſigne que le frippon ne changera jamais.

falloit

falloit trouver le moyen de les foigner :
ce fut alors qu'il me fut aifé de recon-
noître la fagacité des principes des arifto-
crates que j'avois moi-même mis en ufage,
en accaparant le numéraire ; je déliai les
cordons de ma bourfe, & par nombre
de largeffes, j'écartai les témoins fufpects,
& il ne parut aux audiences du Châtelet
que ceux dont les dépofitions vagues, &
ne roulant fur rien, ne pouvoient nuire
à l'intérêt de ma caufe. J'ai plufieurs fois
été le témoin de l'ébahiffement du Peuple, lorfque ces mêmes témoins m'ont
été confrontés, & ne pouvois m'empêcher
de fourire de leur ftupide furprife, en
entendant des gens fous lefquels tous
les yeux étoient fixés, répéter mot à mot
les articles de la révolution, fans qu'il
fût plus queftion de moi que de Jean-
de-Vert. De tels témoins ne me caufoient
pas beaucoup de frayeur ; auffi j'en eus
certainement moins que de certaines per-
fonnes parmi lefquelles je vous nommerai
le Marquis de Roftaing, le Baron
d'Obenhein (1), & le Baron de Wurmfer,

____

(1) Lieutenans-Généraux des Armées
du Roi.

B

qui me rendoient plusieurs fois visite, dans la vue d'être instruits par moi du tour que prenoit une affaire dans laquelle ils n'étoient que trop intéressés : je vous avoue que je me donnai la satisfaction de prolonger leur cruelle inquiétude ; d'ailleurs, l'honneur m'en prescrivoit le devoir (1). J'avois trop d'obligations à mes Juges pour révéler leur turpitude & leurs observations ; en outre qu'elles m'étoient profitables, c'eût été compromettre trop de personnes à-la-fois.

Le Greffier criminel me donna le prospectus de mes interrogatoires en forme de catéchisme, c'est-à-dire, par demandes & par réponses, & pour mon argent, & pour beaucoup, car les griffes d'un Greffier criminel sont à-peu-près comme les serres d'un vautour. Il s'offrit à faire

---

(1) Le Baron de Bezenval devroit ici bien plutôt alléguer sa sûreté que son honneur ; car, comment pouvoir interpeller l'honneur en tiers entre lui & ses Juges, quand l'un & les autres n'en ont jamais eu ?

auprès de moi, l'office d'un Répétiteur de Comédie, & de me préparer à soutenir mon personnage en public, mon rôle appris ; il éprouvoit ma mémoire, & me voyant parfaitement instruit de la forme des questions, de celle des réponses, du recollement, des confrontations, il me retiroit sa minute, & je paroissois à l'audience avec moins d'appréhension & aussi ferme qu'un nouvel Acteur sur les planches, quand il sait avoir pour lui le secours d'une forte cabale.

Maintenant que la crainte du danger est totalement éclipsée de mon cœur, je ne puis m'empêcher, Monsieur le Marquis, de rire en moi-même de ces scènes qui ont captivé l'attention de tout Paris ; & quand je me retrace les divers sentimens qui formoient l'expression des physionomies que j'avois devant moi, je voudrois posséder le maniement du crayon pour pouvoir vous en envoyer le croquis, & ce dessein vaudroit sans doute bien celui des têtes abattues, & de toutes les charades que les ingénieux Dessinateurs Français nous ont données sur les événemens du jour, & tout aussi intéressant que les opérations de l'Assemblée Nationale mises en vaudevilles.

Figurez-vous, d'un côté, mes Juges gravement assemblés, portant sur leurs visages les signes caractéristiques de cette intégrité qui en impose à la multitude, & malgré cela laissant échapper quelques nuances d'inquiétude imperceptibles pour tout autre que pour moi, qui savois qu'elles ne provenoient que de la crainte que leur aspect terrible, en apparence, ne me fît oublier ma leçon; de l'autre, mon Rapporteur m'encourageant de temps à autre, par un clin-d'œil, par lequel il me vantoit l'infidélité de son rapport; devant une table & dans un coin, mon cher Répétiteur, ce Greffier criminel chargé de mon instruction, tenant la plume, avoit déjà couché sur le procès-verbal d'interrogation la demande & la réponse, tant il étoit sûr de la fidélité de ma mémoire, & à chaque article, me regardant & me lançant un regard admiratif, comme pour me dire, parodiant ces vers de Voltaire :

„ Voilà le digne prix de tous mes foins.

„ De vous, fieur de Mezenval, je n'attendois pas moins.

De l'autre, mes témoins, ou plutôt ceux
dont le Public attendoit ma condam-
nation, ne pouvant s'imaginer qu'ils
m'étoient vendus, s'apprêtoient à dépofer
la même chofe, en changeant feulement
le lieu de la fcéne, mais s'accordant tous
à unir toutes interpellations capables de
me nuire. Le groupe immenfe du Public
s'offroit enfuite à mon pinceau, & fes
différentes attitudes n'étoient pas les
moins dignes de mon attention : quelques-
unes de ces figures étoient animées par
l'efpérance de me voir bientôt condamné
à la mort ; d'autres exprimoient l'indi-
gnation à chaque dépofition de mes témoins ; d'autres, vivement frappés de
l'iniquité du conciliabule, fe mouroient
d'envie d'interrompre l'Affemblée, pour
fe livrer au reffentiment énergique de
leur fureur ; mais les grenadiers bleus,
pour lefquels j'avois confervé les mêmes
bontés que celles que j'avois eues pour
eux à Brie Comte-Robert, par leur con-
tenance martiale, en impofoient à cette
foule, la réduifoit à la fituation d'auto-

B 3

mates ; & mes Juges, sans craindre d'éprouver aucunes contradictions que celles de leur conscience, contre laquelle ils étoient en garde, se félicitoient tout bas de leur maniere d'esquiver le décret de l'Assemblée Nationale, dont le but étoit de remédier à l'iniquité, en rédigeant en secret, & avec le plus grand soin, les opérations qu'ils étoient forcés de rendre publiques.

La séance se levoit, & le Peuple éconduit se répandoit sur les quais, en raisonnant sur l'injustice & la prévarication, & mes Juges & le malin Greffier rentroient chez eux on ne peut plus satisfaits d'eux-mêmes.

D'après les grands secrets que je viens de déposer dans votre sein, vous ne serez, je crois, plus étonné du recouvrement de ma liberté, & vous serez convaincu que cette époque étoit sinon d'avance consignée dans le ciel, au moins dans le Greffe du Châtelet.

Je ne vous ferai pas passer la note de ce qu'il m'en a coûté des frais énormes que j'ai été obligé de débourser, pour contenter la voracité de *Double-main*, mon honnête & confciencieux Greffier, pour alimenter la foif des *Bridoifons* ariftocratiques qui devoient me juger : ce tarif n'étant pas en votre puiffance, il ne feroit que renouveller vos douleurs. Je ne fais pas trop fi l'or eft un puiffant fecours auprès de M. Quatremer, votre Rapporteur ; mais fi décemment le fieur Boucher d'Argis pouvoit me donner quittance de celui qu'il a reçu de moi, tous les Rapporteurs du Parlement auroient un pied de nez, en voyant que les épices de leurs confreres du Châtelet foient montées à un taux fi confidérable.

On ne vous a pas trompé, en vous affurant que le premier ufage que j'ai fait de ma liberté, a été de me préfenter à Sa Majefté Louis XVI : elle m'a reçu comme un homme qu'on eft charmé de revoir hors de danger, fur-tout quand on peut fe reprocher d'en avoir en quelque façon été la caufe. Dans cette conférence, c'étoit à qui de nous deux tromperoit l'autre : il a déploré le malheur d'un Monarque abufé par de perfides Miniftres, & donnant des ordres contraires à la bienfaisance & à l'humanité: ne croyant agir que par des principes absolument oppofés à ceux-là, mon rôle étoit de me mettre à l'uniſſon; je m'y ſuis mis, & je me ſuis plaint bien plus vivement d'avoir été la victime de ces mêmes ordres, & nous nous ſommes ſéparés en félicitations réciproques, dont la ſincérité, à coup ſûr, ne formoit pas la quinteſſence.

Pour la Reine, notre ſéance dura beaucoup plus de temps: elle ſe paſſa en do léances de part & d'autre; de ſa part, ſur la maniere dont les événemens avoient tourné, ſur ſes regrets, ſur la façon dont elle vivoit, comparée au ſort brillant dont elle auroit dû jouir, & j'ai cru remarquer dans ſa converſation qu'elle ne faiſoit que céder à la circonſtance; mais que, ſéparée de l'objet de ſes affections, ſon cœur étoit toujours le même, & que ſa haine pour le ſang Français, loin d'en être rallentie, n'avoit fait que s'enraciner chez elle, & que la fureur germanique étoit dans ſon ame un héritage dont il n'étoit pas aiſé de ſe dépouiller.

A l'égard de MONSIEUR, Frere du Roi, c'eſt toujours le même homme; diſcours

combinés ; point d'échappées de sa part ;
votre nom l'a seulement engagé à changer
de couleur, & je crois que votre crime
à son égard est de n'avoir pas remis le
secret de la contre-révolution en des
mains plus sûres qu'en celles des gredins
du quai de la Ferraille, de ces vils merce-
naires, qui, comme vous le savez, ou
auriez dû le savoir, sont capables de donner toute préférence à un quart d'écu,
& que la somme promise à tout dénon-
ciateur, quoiqu'elle ne fût qu'un subter-
fuge grossier, où le plus sot rougiroit de
se laisser prendre, l'emportoit de beaucoup sur celles dont vous pouviez dis-
poser.

Vous êtes ensuite étonné comment j'ai
échappé à la fureur vengeresse du Peuple ?
Eh ! Monsieur le Marquis, ne savez vous
pas, qu'avec lui tout ce qui a l'attrait du
merveilleux, a droit à son hommage ?
Plus il paroissoit impossible que je me dé-
robe au glaive de la Justice, moins il est
étonnant que je n'aye pas été poursuivi
par la rage de ceux qui nagueres deman-
doient ma mort à grands cris. D'ailleurs,
n'avois-je pas versé mes libéralités sur la
troupe soldée, & ce grand moyen ne

m'avoit-il pas fait autant de créatures, que la médiocrité de ces malheureux prisonniers dont vous m'avez parlé, ont fait d'indifférens à leur sort ?

Oui, Monsieur le Marquis, j'ai illuminé mon hôtel, bravé la raison, la Justice, l'honneur, & cela, en vertu d'un prononcé du Châtelet, qui me met à l'abri de l'insulte, & secondé de la surveillance de la Garde Nationale, qui ne consentira pas volontiers à abandonner au Peuple, un homme qui supplée à l'avarice & aux rapines de quelques Districts, qui n'ont à la bouche que les termes *de dévouement patriotique* & *d'héroïsme*, qui cherchent avec ces mêmes mots à réchauffer la tiédeur de leurs soldats, tandis que, de leur côté, & dans le plus grand secret, ils font agir leurs courtiers, & profitent de l'accaparement du numéraire, pour mettre en usage à leur profit les ressources infames de l'agiotage. L'éloquence de leurs déclamations ne peut tenir à l'égard de soldats qui meurent de faim, contre les attouchemens de ce métal qui entraîne & séduit tout ; & voilà pourquoi je suis tranquille.

Les Poiſſardes de Paris m'ont apporté un bouquet ; vous en paroiſſez tout auſſi étonné ; mais pour diſſiper votre étonnement, permettez-moi de vous offrir un pari d'eſpèce ſinguliere. Vous avez été témoin de toute l'horreur que reſſentoit le bas Peuple, en entendant prononcer mon nom : vous n'ignorez pas que ce n'eſt que cette partie du Public qui ſoit capable de former les premiers pas vers la révolte. Eh bien ! je mets en fait qu'avec quelques poignées de louis, je me promenerai tranquillement dans les fauxbourgs de Saint - Antoine & de Saint - Marceau, & que répandant çà & là le conſolateur univerſel, les mêmes mains qui s'apprêtoient à me déchirer, s'empreſſeront à orner mon char de triomphe. Cette vérité fera ſûrement ceſſer votre ſtupéfaction. Il n'y auroit, M. le Marquis, que le défaut de ce mobile univerſel, qui pourroit nuire à votre cauſe, qui, comme vous le dites fort bien, reſſemble aſſez à la mienne, ou peut-être les diatribes qui ſe publient ſur le compte des Juges du Châtelet, bien certainement capables de les allarmer : je ſens bien même que les vérités

que je vous communique , qui contien-
nent leur secret, pourroient-les engager à
oublier leurs maximes favorites , pour se
livrer à la rigueur à votre égard, & la-
ver ainsi la tache dont ils sont souillés ;
mais je vous déclare de bonne foi , que je
ne les livrerai au grand jour de l'impression, que, quand ainsi que moi, vous serez
élargi , ou...... Ma foi, je n'acheverai pas
le terme, quoique les apparences soient
cependant au contraire ; mais je ne ré-
pondrois pas que vous ne soyiez la victime
de l'humeur des Juges.

Mon intention est cependant de vous
consoler, & je ne doute pas que l'indice
secret qui tend à votre conservation ne
soit celui qui vous a été fourni lors des
conclusions de M. le Procureur du Roi :
ce n'est pas que le mandement donné à
MM. les Députés, qui doivent être com-
pris dans votre récollement , puisse vous
être de grand appui; mais c'est un reculé
dont l'effet vous sera favorable.

Au demeurant , je suis sensible à votre
ressouvenir, & ne puis mieux vous prou-
ver le mien , qu'en priant le Ciel de vous
préserver des embûches de vos ennemis,

des follicitations de vos perfécuteurs, de la trigauderie de vos Juges, & des pattes de M. Samfon, quoique vôtre Imprimeur...... Sur ce, je prie Dieu, Monfieur, qu'il vous prenne en fa fainte garde.

J'ai l'honneur d'être,

MONSIEUR,

Le Baron DE BEZENVAL.